D1703095

Margarete Augustin-Grill

... und der Wind singt:
von der Liebe

computerunterstützte Bilder & lyrische Texte

De Holtes Verlag

Alle Rechte vorbehalten.
Das Werk darf - auch auszugsweise - nur mit schriftlicher Genehmigung des Verlages wiedergegeben werden.

© 2007 De Holtes Verlag
Fausenburg 14, D- 56814 Bruttig-Fankel
www.de-holtes-verlag.de
eMail: info@de-holtes-verlag.de

© Cover und GesamtLayout:
Margarete Augustin-Grill
www.grille-layout.de
eMail: an@grille-layout.de

Druck und Verarbeitung:
digital Print Group O. Schimek GmbH, Erlangen

Die Bilder dieser Edition können als signierte und limitierte A3-Laser-Ausdrucke über die Künstlerin bezogen werden.

ISBN 978-3-939649-21-2

... und der Wind singt:
von der Liebe

So viele reden immer wieder von von der Liebe - aber jeder legt irgendwie etwas anderes in dieses Wort hinein.
Was aber bedeutet Liebe in ihrer tiefsten Konsequenz?

Liebe ist der Urgrund, aus der die Unendlichkeit hervorgegangen ist. Liebe ist der Klang, der die Unendlichkeit noch immer webt. Liebe ist der Regenbogen der unseren Blick hebt, uns an die Weite und den Klang der Unendlichkeit erinnert. Liebe ist das Lächeln eines Kindes oder das zufriedene Schnurren einer Katze. Liebe ist der Tropfen, der ins Wasser fällt und gemeinsam mit vielen anderen Tropfen die Reise zum Meer beginnt ...

Liebe ist das Wissen um den Tanz des Lebens, das Wissen um die Sehnsucht jedweden Lebens nach Freiheit und Entfaltung hin zu dem was ein jeder seit immer ist. Liebe in ihrer erhabensten Form umfaßt und trägt alles und jeden - wie die Sonne, die nur scheint und nicht fragt, ob es lohnt oder nicht. Nichts und niemand ist zu gering für die Weisheit der Liebe. Allem Leben bietet sie Schutz und Geborgenheit. Alles Leben weiß um das Wesen der Liebe, allein der entwurzelte Mensch hat vergessen, erinnert sich nur in seltenen seligen Momenten daran ... dann lüftet er einen Zipfel des Geheimnisses, mit dem er nicht allein die Freiheit und den Frieden ummantelt hat, sondern ebenso Vertrauen und Vertrautheit in der Liebe beinahe verschüttet hat.

Margarete Augustin-Grill
im Ahnen des Frühlings 2007

das lied

hörst du das lied
das leise leise herüberklingt
aus den tiefen dem zentrum des sein
aus der höhen schwerelosem tanz

hörst du das lied
wie ein klang ein einzelner ton
wiederhall findet in dir
ist es dein ureigenster klang
der dich wieder an dich selbst gemahnt
du zu sein und nur du allein
nur du kannst erfüllen deinen raum
doch auch alles hat seinen raum in dir

hörst du das lied
wie es form wird in dir
dich erfüllt
dein golden herz bringt zum klingen
sing mit
leg hinein deinen klang …

siehst du das lied
das in schimmernden regenbögen
horizonte weit überspannt
leg hinein deine farbe
sei der tanz
immerwährenden lebens mit sich selbst

das lied
047-02-03

innehalten

halt inne
kleiner mensch
deine seele braucht stille weile
wo des alltags hektik dich treibt

halt inne
kleiner mensch
schenke dir stille weile
deinem fühlen und denken
eine spur einsamkeit
einen goldenen moment
wandern im seelengarten
einen schluck aus der quelle trinken
dem unendlichen lied lauschen
glückseligkeit …
sonne und mond tanzen in deiner hand

halt inne
kleiner mensch
und lebe stille weile
in endlicher zeit

innehalten
803-05-05

sternenpflücker

der weg zu den sternen
ist frei
recke dich
strecke dich
pflücke sie dir
aus des himmels gefilden

die tore sind offen
du hast sie gefunden
so gehe hindurch
in die weite der träume
bringe sie her
und mache sie sichtbar
hier auf der erde
es warten so viele
auf das lächeln der sternenpflücker
die ihren träumen schenken das leben
indem sie
im tanz
überwinden die angst …
indem sie
sich ganz
zur fülle der liebe bekennen …
indem sie
das werden
das immer schon sie sind

sternenpflücker
838-06-06

die tiefste angst

die tiefste angst
ist
nicht mehr zurückkehren zu können
dorthin
wo das innerste seine heimat weiß

die tiefste angst
ist
aus dem schock der trennung entstanden
das wesen erkennt
daß es die hand losgelassen
den schöpfer - scheinbar - verloren

die tiefste angst
gebiert
weitere ängste
die welt ist so voll davon
erkenne
die hand des schöpfers
hielt dich immer geborgen
sie hat dich nie verlassen
lasse los die ängste
sie hindern dich nur
die wunder zu sehen
die allen geschöpfen zu eigen

das größte wunder
aber ist
das lächeln des schöpfers
in jedem geschöpf

die tiefste angst
759-06-06

visionquest

du suchst nach dem sinn?
wie du
dein leben ausrichten könntest
welche aspekte es lohnen zu leben
welche richtung bevorzugt dein herz

so komm in die stille
die natur lädt dich ein stille zu sein
und ihren stimmen zu lauschen

es murmeln silbrig die bächlein
lehren der quelle lied
es rascheln der bäume blätter
erzählen ihren sommer
einen anderen kennen sie nicht
es lockt die traute höhle
mutter erde nahe zu sein
die winde tragen weiter dein bitten
so kommen sie alle von weit weit her
dir beim finden behilflich zu sein

du suchst nach dem sinn?
lausche nach innen und außen
innen ist außen und außen ist innen
der sinn ist immer auch in dir
selbst wenn du außen ihm begegnest

visionquest
892-05-05

wind unter den federn

wind unter den federn
spüre ich wieder
wind trägt mich weiter
weiter
weiter dorthin
woher ich gekommen
vor undenklichen zeiten
für die nicht
der menschen gedächtnis gemacht

wind unter den federn
meine seele sehnt sich so
nach frieden und freiheit
nach der heiterkeit ewigen frühlings

siehe ...
den regenbogen
über der erde weitem rund
in ihm die verheißung:
wolken und schatten
werden dann weichen
wenn viele
erkennen die zeichen der zeit
wenn sie öffnen wieder
die schimmernden flügel
wind unter den federn ...

wind unter den federn
862-06-06

geschwister

wir sind tropfen
- aus einer quelle
wir sind zellen
- an einem leib
wir sind sterne
- an einem himmel
wir sind atome
- formen das leben
wir sind klang
- formen die lieder
wir sind tropfen
- formen das meer
wir sind das sein
- der unendlichkeit erben

geschwister
395-00-06

gebet einer eiche

laß uns das licht rufen
es fließt in allen von uns
in deinen und meinen adern

siehe
ich trage tiefe wunden
auch
dir zu zeigen
wie es wird
wenn kleine wunden
nicht heilen dürfen …

laß uns das licht rufen
es fließt in allen von uns
in deinen und meinen adern

gebet einer eiche
769-05-05

grenzen

du stehst vor der grenze
der dir bekannten welt
dort bist du könig
sie bedeutet dein reich
auch wenn du es
längst nicht kennegelernt
zur gänze bisher

du stehst vor der grenze
vor dir
hinter dem zaun
dehnt sich
das unbekannte
auch wenn es gar nicht
sooo unbekannt scheint
du kennst manche pflanze
du kennst manchen stein
und der himmel
ist immer derselbe
wohin du auch gehst

du stehst vor der grenze
was willst du nun tun?
dich selbst überschreiten
neue horizonte erreichen
darin besteht des lebens
größtes abenteuer
immer …

grenzen
205-01-06

magst du dich

magst du dich so wie du bist
oder: warum tut es so weh
wenn du dich betrachtest
wenn du dich überhaupt
kannst betrachten

du siehst nur die hülle
deines vollkommenen seins
diesen mantel
aus gedanken
aus menschlichen mustern
aus dem gelernten
aus all jenem
das du verinnerlicht hast

es ist nur ein verbergen
deiner unendlichen schönheit
das nur zeitweilig besteht
bestand haben kann

erst wenn du blickst tiefer
erkennst du allmählich dich selbst
und alles andere verbunden in dir
es wird dir helfen
dich jetzt anzunehmen
mit all jenen grenzen
die selbst du gezogen
gib dich selbst frei
im annehmen und schätzen
deiner selbst
deines selbst

magst du dich
206-05-06

liebender

ich sehe dich an
schließe die augen
erkenne dich
in deiner unendlichen schönheit

ich höre dir zu
lausche nach innen
und höre im klang deiner lieder
deines herzens schlag

ich berühre dich sanft
mit meinem lächeln
und ich weiß
du verstehst ...

du verstehst immer:
uralter baum oder nickende blume
runder kieselstein oder mutter erde
singender vogel oder eilendes reh
tanzender wind oder sonnenstrahl
und manchmal auch: bruder mensch

liebender
147-02-04

kleiner prinz

kleiner prinz
ich mag spielen - spielen mit dir
die alten vertrauten spiele
so viele neue dazu

kleiner prinz
ich mag tanzen - tanzen mit dir
dreh mich im kreise
und halte mich fest im arm

kleiner prinz
ich mag lachen - lachen mit dir
perlen der freude steigen empor
durchziehen weit unendliches land

kleiner prinz
ich mag träumen - träumen mit dir
fliegen durch samtenes dunkel
landen in land ohne schatten

kleiner prinz
253-99-03

weißt du noch ...

weißt du noch
ein anderes land eine andere zeit
erinnere dich
wie wir hand in hand liefen
der sonne entgegen
von schmetterlingen begleitet
vor uns verheißung im regenbogen
dein lachen klingt noch heute in mir
hat alle stürme überdauert
die trennung
die lange nacht

weißt du noch
doch heute ist heute
ein neuer tag hat begonnen
schon steht die sonne hoch im zenit
ein anderes land eine andere zeit
bitte
bevor wieder die nacht beginnt ...

weißt du noch …
203-04-03

laß uns die winde reiten

komm ... laß uns die winde reiten
nach norden nach osten
süden und westen überall hin
land nach land ruht in frieden
unter singenden flügelspitzen
laß uns ziehen - geliebter
über wälder und wüsten
an den säumen der berge
am ende des regenbogen vorbei
dem meere zu
kleine wellen im mondlicht lachen
da ist es - das sternentor
nehmt eure kraft zusammen
ihr winde tragt uns hindurch
des ewigen lied will in uns wohnen
und der stille brausender klang

laß uns die winde reiten
752-04-04

milch und honig

milch und honig
in meinem herzen fließen
wenn ich dein lachen höre
deinen tanz sehe
deine hände
zur gottheit erhoben …
die schöpfung verneigt sich
dankbar
voll demut

milch und honig
in all denen fließen
die dich begleiten
die dir nahe sind
über räume und zeiten
dich im arm halten
die freude teilen mit dir
hände zur gottheit erhoben
dankbar
voll demut

milch und honig fließen
aus der unendlichkeit herz
zu jedem
die schöpfung weiß es
und tanzt
den augenblick
dankbar
voll demut

milch und honig
169-02-05

mystiker

innere reisen
durch vergessene lande
nur von sehnsucht geführt

du gehst geliebtes kind
der sonne entgegen
auch wenn es nacht ist um dich
auch wenn der sturm an dir zerrt
und sich regen mit tränen vereint
in dir brennt ein licht
es weist dir den weg

du findest freunde
wind trocknet die tränen
blumen nicken dir zu
tiere begleiten dich
steine ebnen die wege dir
so lausche den liedern
es singt in dir und für dich
sei achtsam
der morgen naht
und mit ihm das licht

gehe
auf der erde
der sonne entgegen
im kreis all deiner freunde …

mystiker
858-04-04

gebet

jeden morgen
möge die erste empfindung sich zu dir erheben
mein schöpfer

jeden abend
möge auch der letzte gedanke in dir verweilen
großer geist

und am morgen
findet im erwachen das erste lächeln zu dir
vater und mutter in einem

und am abend
findet im erwachen meine seele zurück zu dir
quelle allen seins

wie der morgen … so der abend …
so der morgen … und der abend …

gebet
374-03-03

der meilenstein

du siehst vor dir
den meilenstein
wann immer du mir begegnest
mich bemerkst
dann wisse:
ich zeige mich dir erst
wenn du die schwierigkeiten
fast schon bewältigt

so blicke zurück
noch einmal
und staune ...
und dann erfreue an jenem
was hinter dir liegt nun
wege
die du zum letzten mal gegangen
die du nicht mehr betreten mußt
andere möglichkeiten
tun sich jetzt auf

ich bin ein meilenstein
ich bin ein tor
zu einer anderen qualität
zu einer anderen wahrnehmung
ein schritt vom haben zum sein
so gehe hindurch ...

der meilenstein
701-07-07

eternity

wieviele schritte sind es
von hier bis zur ewigkeit

so viele schritte du gegangen bist
so viele schritte sind es zurück

so oft du die liebe nicht gelebt
so viele schritte sind es zurück

so oft du ein leid nicht sehen wolltest
so viele schritte sind es zurück

so oft du den bruder nicht angenommen
so viele schritte sind es zurück

so oft du nicht du selbst sein wolltest
so viele schritte sind es zurück

unendlichkeit ist immer überall
so du einen schritt kehrst zurück
kommt sie dir zwei schritte entgegen

eternity
768-04-04

am ende des tages

am ende des tages
ziehe bilanz
denn es neigt sich
deines lebens spirale
einer neuen wegstrecke zu

jeder tag
ist anders
er bringt dir neues
ein geschenk aus unendlicher fülle
jeder tag nimmt mit altes
das du loszulassen gewillt

dir gehört nur der heutige tag
zu verändern die dinge
was du nicht annehmen möchtest
von diesen kostbaren geschenken
das nimmt der tag wieder mit

nur jetzt
wird zukunft geschrieben
nur jetzt
wird vergangenheit geordnet
der augenblick
vereint tod und geburt

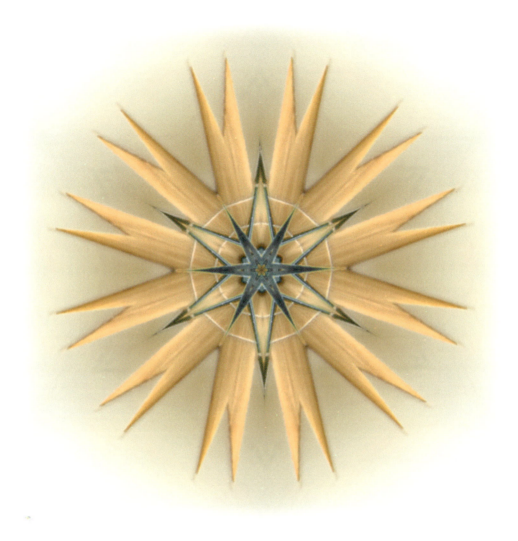

am ende des tages
117-06-06

am ende des jahres

am ende des jahres
ziehe bilanz
denn es neigt sich
deines lebens spirale
einer neuen umrundung zu

mehrmals warst du nahe von hier
nie gleich - lediglich ähnlich
wenn du bist mit erfolg gewandert
der spirale windung
so ist es dir möglich zu sehen
was du bewältigt im vergangenen jahr
was du losgelassen an nutzlosem alten
was du gewonnen an wertvollem neuen

zeit
tritt hervor aus ewigkeit
von augenblick zu augenblick
und wird wieder zu ewigkeit
nutze die kürze der zeit
zu gewinnen die ewigkeit

am ende des jahres
731-06-06

der schatz eines heilers

weißt du noch …
wie viel an gepäck
du einst getragen
bei deinen ersten schritten
in diesem leben

und heute
ist viel leichter dein schritt
nur wenig hast du noch bei dir
und auch das wird gehen wollen
zu seiner zeit

leer sind nun die hände
und frei die füße
voll freude aber ist dein herz
denn es trägt deinen schatz
der dir zugeflossen
indem du losgelassen die alten dinge

jedes vergeben ist ein edelstein
jede bitte um vergebung eine perle
jedes loslassenkönnen silber und gold
jedes annehmen ein heller sternenstrahl

jedes heilwerden eines einzelnen
bedeutet hoffnung für viele:

armut - in fülle verwandelt
leid - das zu freude geworden
krankheit - die gewichen
bindung - gelöst in freiheit
so vieles noch mehr …

so schenke
aus dem schatz deines herzens
niemals wird er leer …

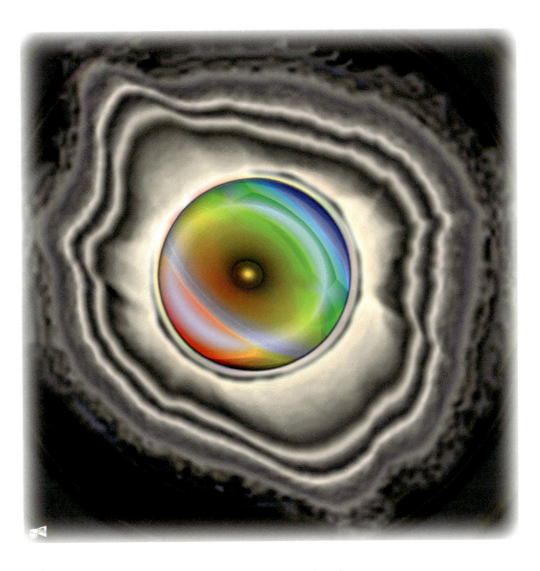

der schatz eines heilers
149-01-06

am ende des lebens

am ende des lebens
ziehe bilanz
denn es neigt sich
deines seins spirale
einem neuen bestimmungsort zu

wovor hast du angst
das leben geht weiter
es ändert ein wenig die form
nicht aber den inhalt

du nimmst dich mit
wohin immer du gehst

so überlege heute
was zu verändern sinn macht
was zu verändern notwendig ist
um zu werden das
was seit immer du bist

am ende des lebens
110-06-06

ziele …

was willst du erreichen
und wie willst du es erreichen

fragen
die seit dem dämmer der zeiten
immer wieder gestellt
wo komme ich her?
und: wo gehe ich hin?
fragen
deren antwort
nur in der eigenen seele zu finden
in momenten der stille
augenblicke jenseits der zeit
schenken kostbare funken
von erinnerung
und das wissen:
ich gehe dorthin
woher ich gekommen …
grenzen fallen
das dahinter wird sichtbar
in seiner unendlichen schönheit
die jedem bewohner der erde
seit immer wohnt inne

antworten
die seit dem dämmer der zeiten
immer wieder gefunden
im gehen
die innere sehnsucht
weist immer die wege
läßt zurück all jenes
das niemals bestand hat
im woher und wohin
leicht ist endlich dein schritt
und so klar deine augen
beginn und ziel deiner reise
sind eins
seit immer bist du dort
wohin du gehörst

ziele ...
868-06-06

so schließt sich der kreis

reich mir die hand
tanze mit mir im reigen des lebens
tanze mit offenen haaren
und leuchtenden augen
vergesse die zeit
und singe
die alten lieder - sie öffnen die tür
hinter den nebeln der zeit
zwischen den räumen
unendlichkeit

tanze und singe
begegne dir selbst in allem sein
atme ein - atme aus
zeiten gerinnen im ewigen nun
geburt ist tod und wieder geburt
jedes atom ist zugleich sonne
dreht sich im kreise
verglüht hier
leuchtet dort wieder auf
der erste funke erhellt die nacht
die leere öffnet die augen
und sagt: spring!
hinein in das leben

dort warte ich auf dich
und so schließt sich der kreis …

so schließt sich der kreis
032-03-03

So mancher Dichter hat die Liebe besungen in ergreifenden Worten.
Doch mehr als mit Sprache vermitteln sie mit dem, was sie zwischen
die Zeilen legen. Lebt ein Künstler die Liebe, kennt er ihren
Flügelschlag, ist er vertraut mit den uralten Liedern des Lebens,
und begrüßt er tanzend den jungen Morgen auch wenn er Regen
verheißt - so wird er seine empfindsame Seele in seine Texte, seine
Musik oder seine Bildwerke legen können. Dies ist das Geheimnis
sprechender Bilder oder melodiehafter Worte.

Wir alle sehnen uns nach Angenommensein und Zuneigung. Wie
aber können wir sie anderen schenken, wenn wir uns selbst nicht
annehmen können, so wie wir gerade sind? Das eine bedingt
das andere ... immer. Liebende erkennen und sie lieben den anderen
in sich selbst. So finden sich selbst ebenso im anderen wieder.

Liebe hat, wenn sie gepflegt wird, die Eigenschaft zu wachsen, allem
ihren weichen Glanz zu verleihen, alles in sich aufzunehmen und
zu integrieren. In letzter Konsequenz umfaßt sie alles Lebendige,
den Himmel, die Erde und schließlich: die Unendlichkeit selbst ...

Last but not least
möchte ich mich nun bei einigen lieben Menschen bedanken,
ohne deren Freundschaft und Zuneigung diese Edition nicht hätte
entstehen können. Alf und Josi haben beide auf ihre ganz
besondere Weise Anteil an diesem Büchlein.